Analyse de l'œuvre

Par Florence Meurée
et Florence Balthasar

Le Chef-d'œuvre inconnu

d'Honoré de Balzac

lePetitLittéraire.fr

Rendez-vous sur lepetitlitteraire.fr et découvrez :

Plus de 1200 analyses
Claires et synthétiques
Téléchargeables en 30 secondes
À imprimer chez soi

HONORÉ DE BALZAC

ÉCRIVAIN FRANÇAIS

- **Né en 1799 à Tours (Indre-et-Loire)**
- **Décédé en 1850 à Paris**
- **Quelques-unes de ses œuvres :**
  - *Les Chouans* (1829), roman
  - *Eugénie Grandet* (1833), roman
  - *Le Père Goriot* (1835), roman

Honoré de Balzac est l'un des écrivains français majeurs du XIXe siècle. Jeune homme, il s'ouvre les portes des milieux aristocratiques parisiens qu'il ne cessera de fréquenter. Mais des entreprises désastreuses et un train de vie excessif le ruineront rapidement : l'écriture littéraire, pratiquée avec passion et assiduité, deviendra pour lui le seul moyen de rembourser ses dettes.

Ambitieux, il s'attèle à une œuvre monumentale, *La Comédie humaine*, qui compte plus de 90 romans, et dont le but est de dresser un portrait exhaustif de la société de son temps, pour « faire concurrence à l'État-Civil » (DE BALZAC H., *Œuvres complètes*, t. I, Paris, Alexandre Houssiaux, 1855, p. 22).

Balzac est considéré comme l'un des pères du roman réaliste moderne.

LE CHEF-D'ŒUVRE INCONNU

UNE RÉFLEXION SUR LES POUVOIRS DE L'ART

- **Genre :** nouvelle
- **Édition de référence :** *Le Chef-d'œuvre inconnu* suivi de *La Leçon de violon*, Paris, Le Livre de Poche, coll. « Les classiques d'aujourd'hui », 2002.
- **1re édition :** 1831
- **Thématiques :** art, peinture, *mimésis*, mythologie, perfection, folie

Le Chef-d'œuvre inconnu est une nouvelle parue pour la première fois en 1831, sous le titre *Maître Frenhofer* dans la revue *L'Artiste*, avant d'être intégrée dans un sous-ensemble de *La Comédie humaine* : les *Études philosophiques*.

L'intrigue se situe au XVIIe siècle et se concentre sur le personnage de Frenhofer, un peintre qui nourrit l'ambition de réaliser un portrait de femme parfait. La nouvelle propose ainsi une réflexion sur les pouvoirs de l'art et sur la condition du peintre.

Ce court récit de Balzac connaitra une certaine postérité et représentera une source d'inspiration aussi bien pour les écrivains que pour les peintres.

PREMIÈRE PARTIE – GILLETTE

L'histoire se déroule à Paris, en 1612. Un jeune homme se rend chez maitre François Porbus (Frans Pourbus le Jeune, peintre flamand, 1569-1622), l'ancien peintre d'Henri IV (roi de France et de Navarre, 1553-1610) destitué de ses fonctions par Marie de Médicis (reine de France, 1573-1642), qui lui préférait Rubens (peintre flamand, 1577-1640). Le visiteur, qui s'avère également être un artiste, est impressionné à l'idée de cette rencontre et, par timidité, n'ose pas monter jusqu'à l'atelier de Porbus. Finalement, un vieillard le rejoint dans les escaliers et frappe à la porte, après quoi tous deux sont introduits par Porbus dans la pièce encombrée de matériel de peinture.

Le vieil homme se lance alors dans un long commentaire d'un tableau de Porbus représentant sainte Marie l'Égyptienne (pénitente chrétienne, v. 345-v. 422). Si le tableau lui semble parfaitement réalisé d'un point de vue technique, il lui reproche de ne pas dégager une impression de réalité assez forte. Pour lui, la femme que Porbus a peinte ne parait pas suffisamment vivante : « Vous avez l'apparence de la vie, mais vous n'exprimez pas son trop-plein qui déborde. » (p. 45)

N'y tenant plus, le jeune homme réagit en faisant l'éloge de la peinture de Porbus. Il se présente : il s'appelle Nicolas Poussin (peintre français, 1594-1665) et est un artiste débutant. Le vieillard demande alors à Porbus de lui donner des pinceaux ainsi que des couleurs et, au moyen de quelques touches de peinture, il parvient à métamorphoser la représentation de Marie l'Égyptienne en lui donnant un véritable souffle de vie. Malgré cela, il trouve qu'elle ne vaut pas encore son chef-d'œuvre, *La Belle Noiseuse*.

Le vieux peintre – dont on apprend de la bouche de Porbus qu'il s'appelle Frenhofer – invite ensuite les deux hommes à venir diner chez lui, où de magnifiques tableaux sont rassemblés. Poussin est subjugué par leur beauté. Porbus fait part à Frenhofer de son désir de voir *La Belle Noiseuse*, le fameux tableau représentant une femme que le vieillard a nommée Catherine Lescault, et sur lequel il travaille depuis dix ans. Celui-ci lui répond qu'il doit encore le perfectionner, puis il explique comment il y a travaillé et avoue que malgré toutes les erreurs qu'il a pu éviter, il doute de son œuvre. Il se demande s'il pourra un jour trouver une femme parfaite digne de lui servir de modèle.

Les deux autres peintres s'écartent de Frenhofer, qui s'égare dans ses réflexions. Poussin veut se rendre dans l'atelier du vieillard, mais Porbus lui explique que personne ne peut y entrer. Le néophyte, qui ne l'entend pas ainsi, est déterminé à s'introduire dans le lieu où Frenhofer crée ses peintures.

De retour à l'hôtellerie où il loge, il demande à Gillette, sa très belle compagne, si elle accepterait de poser pour un autre homme que lui, ce qui lui permettrait de devenir un grand peintre. Poussin espère en effet qu'en échange de celle qu'il aime, Frenhofer acceptera de lui montrer son chef-d'œuvre porteur des secrets de l'art pictural. Dans un premier temps, Gillette refuse, parce qu'elle estime qu'une telle action la rendrait indigne d'être encore aimée de Poussin et que, par conséquent, il la délaisserait. Finalement, elle accepte à la condition qu'il reste derrière la porte de la pièce dans laquelle elle servira de modèle et qu'il tue le peintre si jamais elle venait à crier. La jeune fille, qui a l'impression que Poussin est obsédé par l'art et ne l'aime plus, regrette immédiatement l'engagement qu'elle a pris.

DEUXIÈME PARTIE – CATHERINE LESCAULT

Trois mois après la rencontre entre les trois hommes, Porbus rend visite à Frenhofer, qui est plus découragé que jamais. Le vieux peintre croyait avoir enfin achevé sa toile, mais certains détails doivent encore être retravaillés. Il a l'intention de voyager en Turquie, en Grèce et en Asie, afin de trouver de nouveaux modèles féminins. Porbus lui annonce alors qu'il peut lui épargner ce voyage, car la compagne de Poussin est une femme physiquement parfaite et elle est disposée à poser pour lui si, en échange, lui et Poussin ont le droit de voir son œuvre. Tel un amant possessif, le vieillard refuse catégoriquement d'exposer son « épouse » (p. 65) au regard d'autres hommes.

Alors que Porbus, surpris de la violence avec laquelle Frenhofer réagit, est sur le point d'abandonner, Poussin et Gillette arrivent chez le vieillard. Celui-ci observe attentivement la jeune fille, il la déshabille du regard. Pris de jalousie, Poussin veut rentrer chez lui avec sa compagne, mais Frenhofer accepte finalement le marché. Le peintre débutant le menace alors de le tuer s'il fait quoi que ce soit à Gillette.

Après un certain temps, Frenhofer ouvre la porte de son atelier et invite Porbus et Poussin à y entrer. Ceux-ci admirent les tableaux qui s'y trouvent et que Frenhofer qualifie d'« erreurs » (p. 72). Il leur assure que sa dernière œuvre est parfaite, que la femme qu'il a peinte est plus vraie que nature. Mais, face à la toile, Porbus et Poussin n'aperçoivent rien d'autre qu'une juxtaposition de couches de couleurs. Au milieu de cette « muraille de peinture » (p. 74), seul un pied, qui semble être réel, émerge. Poussin croit d'abord que le vieil homme se moque d'eux, mais réalise ensuite qu'il est sincère : Frenhofer délire et est persuadé que les deux autres peintres aperçoivent vraiment le corps féminin qu'il leur décrit.

Poussin dit à Porbus que, tôt ou tard, Frenhofer se rendra compte que rien n'est représenté sur sa toile. Le vieil homme entend cette remarque et s'emporte. Il demande ensuite à Porbus s'il a gâté son tableau. Porbus, qui ne sait quoi lui répondre, lui désigne sa toile d'un geste en disant « Voyez ! » (p. 76) Frenhofer se rend ainsi compte qu'aucune figure féminine n'apparait dans la peinture. Il est désespéré, pleure et se dit fou. Mais, tout de suite après, il accuse les deux artistes d'être envieux et de projeter de voler son chef-d'œuvre.

Poussin entend soudain Gillette pleurer. Elle voudrait que son jeune compagnon, qu'elle trouve méprisant, la tue. Le vieillard, très méfiant, les met tous à la porte. Le lendemain, Porbus souhaite revoir Frenhofer, mais il apprend qu'il est mort après avoir réduit en cendres toutes ses toiles.

ÉTUDE DES PERSONNAGES

FRENHOFER

Vieil homme fortuné, Frenhofer est un artiste exceptionnel. Il affirme avoir été l'unique élève du peintre flamand Mabuse (v. 1478-1532). Il possède une connaissance approfondie de la peinture, que ce soit du point de vue technique ou de l'histoire de l'art. Il n'hésite pas à faire part de son savoir et donne volontiers des conseils aux plus jeunes artistes.

C'est un homme empreint de mystère : personne n'a jamais eu l'occasion d'entrer dans son atelier pour y admirer son travail, et il n'a jamais eu d'élève à qui confier les secrets de sa technique. Pour lui, la peinture équivaut à une véritable pratique sacrée.

Son grand projet consiste à réaliser un tableau représentant une femme qui donne l'impression d'être réelle. Depuis des années, Frenhofer dédie sa vie à cette peinture. À plusieurs reprises, il pense l'avoir enfin achevée, mais, à chaque fois, il se rend compte que certains détails n'atteignent pas la perfection qu'il recherche.

L'obsession du peintre pour son chef-d'œuvre, qu'il surnomme sa Catherine Lescault, le pousse petit à petit dans la folie. Le texte fournit plusieurs indices de sa santé mentale chancelante :

- le narrateur le qualifie de « singulier personnage qui discour[t] si follement » (p. 47) ;

- Porbus affirme qu'il est « aussi fou que peintre » (p. 60) ;
- le vieillard se comporte comme si la femme qu'il peint était vraiment son épouse. Ainsi, pour lui, la montrer à d'autres hommes correspond à un acte de prostitution. Lorsqu'il exprime tout l'amour qu'il ressent pour sa figure, le narrateur se demande : « Frenhofer était-il raisonnable ou fou ? » (p. 68)

À la fin, les réactions de Porbus et de Poussin devant sa toile l'amènent à se rendre compte du délire dans lequel il est plongé. Il ne peut supporter ce dur retour à la réalité, et la mort devient son unique échappatoire.

NICOLAS POUSSIN

Balzac choisit d'insérer dans sa fiction un peintre ayant vraiment existé. Nicolas Poussin est en effet l'un des grands maitres français du classicisme pictural. Dans la nouvelle, l'auteur le présente comme un jeune débutant encore inconnu. Il est arrivé à Paris depuis peu et vit dans la misère. Cela ne l'empêche pas d'être talentueux : Frenhofer le complimente, lorsqu'il copie avec adresse le tableau de Porbus.

Le jeune homme est tiraillé entre deux passions qui semblent incompatibles. D'une part, il désire ardemment devenir un grand peintre. Découvrant Frenhofer en se rendant chez Porbus, il veut que celui-ci l'initie aux secrets de l'art, et c'est dans ce but qu'il tente de convaincre le vieillard de le laisser entrer dans son atelier. D'autre part, il est amoureux de Gillette, son amante : qu'elle pose pour Frenhofer le rend triste, sombre et plein de remords. La jalousie l'envahit, ce qui fait directement écho à l'attitude du vieux peintre vis-à-vis de son œuvre (tous les deux sont prêts à tuer pour leur bienaimée).

L'amour de l'art semble toutefois être plus fort que tout :

- quand Gillette refuse sa proposition de poser pour un autre homme, il semble d'abord accepter son choix (« Je me suis trompé, ma vocation est de t'aimer. Je ne suis pas peintre, je suis amoureux », p. 63). Mais, tout de suite après, il tente à nouveau de la convaincre en expliquant que Frenhofer n'est qu'un vieil homme ;
- Gillette se rend compte de la passion avec laquelle son amant regarde un tableau de Frenhofer qu'il a pris pour un Giorgione (peintre vénitien, 1477-1510) : « Il ne m'a jamais regardée ainsi » (p. 71), dit-elle ;
- lorsqu'il pénètre dans l'atelier de Frenhofer et qu'il y découvre des merveilles picturales, il oublie totalement sa compagne, jusqu'à ce que les sanglots de celle-ci attirent son attention.

GILLETTE

Gillette est l'amante de Poussin, dont elle est profondément amoureuse. Le narrateur la décrit comme obéissante et joyeuse, mais c'est sa beauté physique qui la caractérise avant tout. Elle se retrouve au cœur de l'accord entre Frenhofer et les deux autres peintres, précisément parce qu'elle a un corps parfait.

Digne, elle n'accepte d'abord pas de dévoiler sa nudité à un inconnu. Mais Gillette est « une de ces âmes nobles et généreuses qui viennent souffrir près d'un grand homme »

(p. 61) ; elle est donc prête à se sacrifier pour la carrière de Poussin, même si elle est persuadée que leur amour ne résistera pas à cette épreuve. Au fond d'elle-même, elle est déçue par l'attitude de son compagnon, qui fait d'elle une monnaie d'échange (« Elle croyait déjà moins aimer le peintre en le soupçonnant moins estimable », p. 64).

Le mauvais pressentiment qu'elle ressent juste avant d'entrer chez Frenhofer est une manière pour l'auteur d'annoncer l'issue tragique de la nouvelle. Après avoir servi de modèle, elle semble anéantie et, pleine de rage, elle affirme détester Poussin.

PORBUS

Porbus est le second peintre réel à avoir le statut de personnage dans la nouvelle : Frans Pourbus le Jeune est un peintre flamand ayant travaillé pour la cour de France. Parmi ses œuvres phares se trouve le portrait du roi de France Henri IV que Balzac évoque dans *Le Chef-d'œuvre inconnu*.

Il a la quarantaine et est « valétudinaire » (p. 36), c'est-à-dire d'une santé chancelante. L'émoi que ressent Poussin en allant lui rendre visite prouve qu'il possède une renommée étonnante dans le monde de l'art. C'est un grand artiste : Frenhofer explique que seuls les « initiés aux plus intimes arcanes de l'art » (p. 47) peuvent discerner les défauts de son tableau *Marie l'Égyptienne*.

Cependant, il n'atteint pas le niveau de Frenhofer, car il ne connait pas le secret qui permet de donner une étincelle de vie à ses œuvres. Tout comme Poussin, il aimerait voir la toile dont Frenhofer ne cesse de vanter les mérites, ce qui lui permettrait de s'améliorer en tant qu'artiste. Pour lui, l'art est au-dessus de tout : « Les fruits de l'amour passent vite, ceux de l'art sont immortels. » (p. 71)

CLÉS DE LECTURE

UNE NOUVELLE À DEUX FACETTES

La nouvelle est un genre littéraire mouvant, dont la définition a évolué au fil des époques. Les spécialistes s'accordent cependant sur plusieurs points, résumés dans une note de Baudelaire (écrivain et critique littéraire français, 1821-1867) : « [La nouvelle] a sur le roman à vastes proportions cet immense avantage que sa brièveté ajoute à l'intensité de l'effet » (DION R., « Nouvelle » in ARON P., SAINT-JACQUES D. & VIALA A. (dir.), *Le dictionnaire du littéraire*, Paris, Presses universitaires de France, 2002, p. 402).

Ainsi, la nouvelle se caractérise par sa longueur – courte – et son intrigue resserrée menant à une chute surprenante. À ces deux caractéristiques, s'ajoute la proximité temporelle des évènements contés. En effet, la nouvelle prétend livrer un fait vrai et récent aux yeux du lecteur.

Auteur du XIXe siècle, Balzac s'inscrit dans une veine nouvelliste qui, mise en concurrence avec le reportage et le fait-divers, « a recours à des mises en scène énonciatives vraisemblables, sur lesquelles viennent s'appuyer aussi bien le fantastique que le réalisme » (*ibid.*). Et justement, *Le Chef-d'œuvre inconnu* allie bel et bien ces deux genres littéraires.

Le fantastique

Dans *Le Chef-d'œuvre inconnu*, le lecteur est d'emblée plongé dans une ambiance fantastique, en particulier à travers le personnage de Frenhofer. En effet, Poussin perçoit en lui « quelque chose de diabolique » dès le premier regard (p. 34). Sa description révèle la singularité de ce personnage mystérieux « auquel le jour [...] prêtait [...] une couleur fantastique » (p. 36). Il apparait même possédé, dès lors qu'il a des pinceaux en main : « il semblait qu'il y eût dans le corps de ce bizarre personnage un démon qui agissait par ses mains en les prenant fantastiquement contre le gré de l'homme. » (p. 49)

Le surnaturel parait ainsi surgir au sein du réel, d'autant que Poussin marque des hésitations dans ses propos, comme s'il n'était pas certain de la réalité de ce qu'il voit, de Frenhofer. Notons d'ailleurs qu'alors que Porbus et Poussin ont existé, Frenhofer est le seul peintre à être fictif. Cette invention augmente l'aura fantastique du personnage qui devient dès lors une sorte de fantôme dans une histoire plausible et réaliste.

Le mystère autour du chef-d'œuvre, *La Belle Noiseuse*, augmente d'autant plus l'atmosphère fantastique et mystérieuse qui règne dans la nouvelle. Le peintre décrit cette œuvre comme étant l'égale d'une femme dotée du souffle de vie. Il la garde ainsi jalousement pour lui seul.

Dès lors, le lecteur s'interroge sur la raison d'un tel secret entourant l'atelier du peintre et son chef d'œuvre : que peut-il renfermer ? Quelle est cette œuvre si parfaite ? Existe-t-elle vraiment ? Autant de questions qui ne se résolvent que dans les ultimes pages de la nouvelle, dans lesquelles la folie du créateur nous est révélée.

Le réalisme

Outre les touches fantastiques, la nouvelle est ancrée dans le réel. L'histoire est tout à fait plausible avec, notamment :

- **les descriptions**. Dès les premières lignes, Balzac décrit dans le détail les lieux, vêtements et personnages croisés par Poussin. Ainsi, l'atelier de Porbus fait l'objet d'une description exhaustive. Le lecteur découvre une foule de détails et, entre autres, que « [d]'innombrables ébauches, des études aux trois crayons, à la sanguine ou à la plume, couvraient les murs jusqu'au plafond. Des boîtes de couleurs, de bouteilles d'huile et d'essence, des escabeaux renversés ne laissaient qu'un étroit chemin pour arriver sous l'auréole que projetait la haute verrière » (p. 37). Il peut dès lors se représenter chaque lieu, chaque détail du décor. Aux énumérations et à la précision du vocabulaire s'ajoute l'abondance des adjectifs qui participent aussi au réalisme des descriptions : « Imaginez un front chauve, bombé, proéminent, retombant en saillie sur un petit nez écrasé, retroussé du bout comme celui de Rabelais [écrivain français, v. 1494-1553] ou de Socrate [philosophe grec, 470 av. J.-C.-399 av. J.-C.]. » (p. 34) ;
- **les lieux et évènements**. Ponctuellement, des noms de rue sont donnés. Le lecteur peut ainsi visualiser le décor dans lequel évoluent les personnages. Ils cheminent en effet de la maison de Porbus « située rue des Grands-Augustins, à Paris » (p. 32) à « [la] belle maison de bois [de Frenhofer], située près du pont Saint-Michel » (p. 50) ; sans oublier Poussin qui se rend « vers la rue de la Harpe [et] la modeste hôtellerie où il était logé » (p. 60). Aussi le lecteur peut marcher sur les traces des

personnages dans le 6ᵉ arrondissement de Paris, voisin de la cathédrale Notre-Dame. En outre, plusieurs allusions aux évènements historiques sont faites. En effet, l'année 1612, durant laquelle se déroule l'histoire, est un « temps de trouble et de révolutions » (p. 38). La France sort tout juste d'une longue période de guerre civile, avec les guerres de Religion qui ont fait rage pendant près de 36 ans. Cette succession presque incessante de guerres opposant catholiques et protestants a mis le pays sens dessus dessous. Les guerres ont officiellement pris fin avec la signature de l'édit de Nantes, en 1598. Pourtant, Frenhofer surprend ses invités lorsqu'il leur propose « du jambon fumé [et] du bon vin [...] malgré le malheur des temps » (p. 50). Les guerres ont également mis à mal l'autorité royale, déstabilisant par la même le pays et son organisation. Le roi Henri IV a d'ailleurs été assassiné en 1610, soit deux ans avant l'histoire qui nous occupe ;

- **les personnages réels**. Deux des trois personnages principaux sont en effet des peintres célèbres du XVIIᵉ siècle, Porbus (Frans Pourbus le Jeune) et Nicolas Poussin. En outre, dans *Le Chef-d'œuvre inconnu*, les références à de grands noms de la peinture sont nombreuses : de Mabuse à Giorgione, en passant par Raphaël (peintre et architecte italien, 1483-1520), Rubens ou encore Rembrandt (peintre et graveur néerlandais, 1606-1669), le texte regorge de ces références illustres. Au-delà de la simple évocation, Balzac offre au lecteur un discours sur l'art pictural, une sorte de commentaire sur l'histoire de l'art. Frenhofer se place ainsi en porte-parole et théoricien de la peinture, notamment lorsqu'il discourt à propos de l'œuvre de Porbus : « Tu as flotté indécis entre les deux systèmes, entre le dessin et la couleur, entre le flegme minutieux, la raideur précise des vieux maitres allemands et l'ardeur éblouissante, l'heureuse abondance des peintres italiens. » (p. 41) Le discours sur la peinture va même au-delà en abordant le thème de l'artiste vu comme un créateur, et non « un vil copiste » (p. 42).

Pour ces raisons notamment, cette nouvelle se rapproche d'un sous-genre romanesque, appelé « roman du peintre ». Ce dernier s'inscrit tour à tour dans la catégorie du roman biographique ainsi que dans celle du roman historique. Il s'agit d'un type de roman qui voit le jour au XIXe siècle et qui se centre sur les enjeux de la peinture. L'intrigue tourne donc autour d'un personnage de peintre ou d'un projet pictural. Citons par exemple *Manette Salomon* (1867) des frères Goncourt (écrivains français, Edmond [1822-1896] et Jules [1830-1870]) ou *L'Œuvre* (1886) de Zola (écrivain français, 1840-1902). Entre peinture et littérature, le dialogue est ouvert à cette période et débouche souvent sur des collaborations.

Par exemple, une de ces collaborations les plus célèbres nait de la relation amicale entre Claude Monet (peintre français, 1840-1926) et Stéphane Mallarmé (poète et critique français, 1842-1898). Les deux hommes échangent sur l'art et s'associent, notamment lorsque Monet illustre la traduction de l'œuvre *Le Corbeau* (1845) d'Edgar Allan Poe (écrivain américain, 1809-1849), réalisée par Mallarmé. Outre celle-ci, de nombreuses autres collaborations voient le jour dans les salons dans lesquels se croisent écrivains, peintres, musiciens et autres intellectuels.

UNE CONCEPTION ROMANTIQUE DE L'ART

S'il situe son intrigue au début du XVIIe siècle, Balzac ne présente pas moins dans sa nouvelle une vision de l'art et de l'artiste propre à son époque :

- **des peintres par vocation**. Les trois protagonistes sont peintres par vocation. Ils vivent pour l'art, qu'ils conçoivent comme une activité pure, presque religieuse. Être peintre fait partie de leur identité. Poussin désire au plus profond de lui-même mener une grande carrière d'artiste, à laquelle il se sent destiné. Frenhofer, quant à lui, incarne l'artiste de génie dans le sens où il ne se contente pas de copier les canons esthétiques, mais crée quelque chose de nouveau. Ce profil d'artiste ne fait son apparition qu'au XIXe siècle. Au XVIIe siècle, l'art était considéré comme une forme d'artisanat, un métier ;
- **la pauvreté**. La misère dans laquelle vit Poussin fait écho aux cercles d'artistes bohèmes du XIXe siècle qui revendiquaient leur pauvreté par opposition aux valeurs de la classe bourgeoise ;
- **le talent inné**. Pour devenir un grand artiste, il faut subir la magie de l'initiation. Dans sa nouvelle, Balzac rejette l'idée d'un long apprentissage, qui était pourtant de rigueur dans les années 1600. Poussin n'a pas l'intention d'aller dans une école d'art : il est déjà talentueux, mais il veut être initié par Frenhofer aux secrets de l'art ;
- **l'atelier**. L'atelier est un lieu privé où le peintre crée en solitaire. Or, au XVIIe siècle, la plupart des ateliers étaient des lieux collectifs.

Il s'agit là de caractéristiques propres au courant romantique.

Le romantisme et ses héros

Le mouvement romantique prend forme à la fin du XVIIIe siècle dans divers pays européens, à commencer par l'Allemagne et l'Angleterre. Rejoint par la France, le mouvement rassemble des écrivains et artistes qui refusent le rationalisme des Lumières. Ces écrivains et artistes veulent mettre en avant l'exploration des passions du moi et la communion avec la nature, pleine de richesses et de secrets. Désormais, l'ordre et les règles classiques sont rejetés au profit de la liberté de création.

Alors que le mouvement se développe progressivement aux alentours de 1800, l'utilisation du mot « romantisme » pour désigner le mouvement littéraire et culturel date de 1820. En France, l'année 1830 va voir s'imposer le romantisme suite à la bataille d'*Hernani*. Cet évènement fondateur correspond à la présentation publique d'un drame théâtral de Victor Hugo (écrivain français, 1802-1885). Lors de la représentation, les classiques, jugeant la pièce révolutionnaire et irrespectueuse, vont chahuter et siffler. Les romantiques vont, quant à eux, la soutenir.

Le mouvement romantique n'est pas un et unique, mais les artistes s'en réclamant s'accordent sur quelques grands principes, comme la volonté de se libérer des carcans classiques et l'expression de l'émotion et du lyrisme via une parole authentique. Les romantiques souhaitent également réaliser un mélange des genres et des registres. Ainsi les artistes s'intéressent à toutes les formes d'art : les écrivains et les peintres travaillent ensemble, au même titre que les poètes et les musiciens.

En outre, les auteurs mettent au cœur de leurs intrigues des héros romantiques, qui sont des êtres sensibles et passionnés, au destin souvent contrarié, voire tragique. Ils se heurtent d'ailleurs maintes fois à la société qui nie leurs aspirations. Partagés entre espoir et désenchantement, ils se renferment dans leur solitude, leur isolement et, parfois, leur art. Les artistes romantiques mettaient par ailleurs en exergue l'inspiration, la créativité et le talent inné face au travail acharné.

DES RÉFÉRENCES MYTHOLOGIQUES SIGNIFICATIVES

La nouvelle comprend plusieurs références à des mythes antiques (par exemple à Protée, un dieu capable de se métamorphoser, ou encore à Orphée, le poète qui descend aux Enfers pour sauver sa femme) ou à des récits bibliques (à travers l'évocation du tableau *Marie l'Égyptienne* de Porbus ou de l'*Adam et Ève* [v. 1525] de Mabuse).

L'auteur cite également deux héros mythiques qui renvoient directement à la situation de Frenhofer :

- d'une part Prométhée, le dieu qui a créé l'homme au

moyen de terre glaise et qui lui a offert le feu. Tout comme lui, Frenhofer adopte la posture de créateur d'un être vivant. Par ailleurs, ils sont tous les deux punis pour leur geste : Prométhée est condamné à se faire éternellement dévorer le foie par un aigle, tandis que Frenhofer se suicide ;

- d'autre part Pygmalion, un sculpteur amoureux d'une de ses créations, Galatée. À l'instar de cet artiste, le peintre balzacien est amoureux de sa création, de sa Catherine Lescault.

Ces références mythologiques enrichissent le personnage : elles lui donnent une dimension supérieure. Frenhofer devient ainsi plus qu'un simple homme. Pour Poussin, il est d'ailleurs le « dieu de la peinture » (p. 53) ; le texte de Balzac véhicule explicitement cette idée :

> « Ce vieillard aux yeux blancs, attentif et stupide, devenu pour lui plus qu'un homme, lui apparut comme un génie fantasque qui vivait dans une sphère inconnue. [T]out en ce vieillard allait au-delà des bornes de la nature humaine. Ce que la riche imagination de Nicolas Poussin put saisir de clair et de perceptible en voyant cet être surnaturel, était une complète image de la nature artiste, de cette nature folle à laquelle tant de pouvoirs sont confiés. » (p. 57)

LA QUESTION DE LA *MIMÉSIS*

La question de savoir si l'art reproduit de manière fidèle la réalité se pose depuis l'Antiquité. Les jugements portés autour de la notion de *mimésis* (terme grec signifiant « imitation », « représentation ») sont variés. *Le Chef-d'œuvre inconnu* peut être considéré comme une nouvelle prise de position au sein de cette discussion séculaire. En effet, l'auteur crée un personnage qui estime qu'un tableau parfait dépasse la simple représentation du monde : pour Frenhofer, il faut que le peintre peigne des figures qui donnent l'impression de pouvoir être touchées ou senties, au même titre que les objets réels.

Les reproches qu'il adresse aux toiles de Porbus tournent précisément autour de cette étincelle de vie dont doivent être pourvus les tableaux pour accéder au rang de chefs-d'œuvre. Selon Frenhofer, la peinture et la réalité doivent se confondre. Il est intéressant de remarquer que, dans la nouvelle, cette relation va dans les deux sens, le réel pouvant aussi donner l'illusion d'être une représentation picturale. C'est l'impression qu'a Poussin quand il voit Frenhofer pour la première fois : « Vous eussiez dit une toile de Rembrandt marchant silencieusement et sans cadre dans la noire atmosphère que s'est appropriée ce grand peintre. » (p. 36)

Le dénouement de l'histoire semble proclamer l'échec de la *mimésis* : le personnage, qui a voulu pousser jusqu'au bout la logique de l'imitation de la nature, ne parvient pas à concrétiser ses ambitions. L'art a ses limites et il faut savoir les accepter.

UNE POSTÉRITÉ DANS LES ARTS

Avec *Le Chef-d'œuvre inconnu*, Balzac se place en visionnaire. Il développe non pas un simple discours sur la peinture, mais sa propre réflexion sur les arts pris dans leur globalité.

Écrite dans une période de bouleversements culturels et littéraires, la nouvelle balzacienne semble elle-même être à l'avant-garde picturale, notamment à travers le drame de l'échec de la *mimésis* vécu par Frenhofer. Ce drame se meut en conception inédite de l'art qui ne se réalisera qu'un siècle plus tard : l'art abstrait.

L'art abstrait est un courant artistique du XXe siècle qui inclut plusieurs mouvements très diversifiés. La caractéristique commune de ces différents mouvements est, contrairement à l'art figuratif, d'évoquer des sentiments et des sensations par les formes et les couleurs, sans chercher à représenter la réalité.

Ainsi, le tableau de Frenhofer, tel que décrit dans la nouvelle, semble être un tableau abstrait, symbolique, non figuratif. En faisant ce récit, Balzac semble proposer l'aboutissement d'une réflexion culturelle et picturale longue d'un siècle. En effet, cette réflexion avant-gardiste nous montre que la représentation parfaite, recherchée par les réalistes du XIXe siècle, est impossible. C'est pourquoi le tableau de Frenhofer inspire inévitablement les artistes suivants.

La nouvelle a donc connu une certaine postérité dans les arts. En effet, plusieurs peintres se sont inspirés de cette nouvelle dans leur tableau. Certains, comme Cézanne (peintre français, 1839-1906), se sont même reconnus dans les traits du maitre désillusionné dont le chef-d'œuvre n'a pas été reconnu par ses contemporains. Cézanne a d'ailleurs réalisé, v. 1867-1872, *Le Peintre Frenhofer gardant son chef-d'œuvre inconnu* et *Frenhofer montre son chef-d'œuvre*.

L'aura du peintre fictif et de son chef-d'œuvre s'est traduite dans de nombreux tableaux :

- *Madame Kupka parmi les verticales* (1910-1911) de Kupka (peintre, dessinateur et graveur tchèque, 1871-1957) ;
- les différentes versions (entre 1914 et 1964) du *Peintre et son modèle* de Picasso (peintre, graveur et sculpteur espagnol, 1881-1973) ;
- *Woman I* (1950-1952) de De Kooning (peintre néerlandais, 1904-1997) ;
- *La Demi-sœur de l'inconnue* (1961) de Dufrêne (peintre français, 1930-1982) ;
- ou encore *Le Chef-d'œuvre inconnu* (1982) de Kiefer (peintre allemand, né en 1945).

Tous ces peintres semblent s'être inspirés de l'œuvre de Frenhofer, apparaissant comme une sorte d'avant-gardiste des courants impressionniste, expressionniste ou surréaliste. L'art du maitre Frenhofer, fruit de l'imagination de Balzac, apparait donc comme un rêve prémonitoire.

PISTES DE RÉFLEXION

QUELQUES QUESTIONS POUR APPROFONDIR SA RÉFLEXION...

- Selon vous, pourquoi Balzac a-t-il introduit dans sa nouvelle des peintres ayant réellement existé ?
- Poussin est tiraillé entre deux sentiments : expliquez lesquels et pourquoi.
- Le dialogue entre peinture et littérature est ouvert et fécond dès le xixe siècle. En quoi *Le Chef-d'œuvre inconnu* est-il un bon exemple ? Pensez notamment à l'auteur, Balzac.
- Poussin et Porbus pourraient-ils être considérés comme les responsables de la mort de Frenhofer ? Justifiez.
- Balzac rend-il compte de façon fidèle de la condition du peintre au xviie siècle ? Développez votre réflexion à l'aide d'exemples précis.
- Dans une lettre à Mme Hanska (noble polonaise, 1801-1882) du 24 mai 1837, Balzac affirme que « l'œuvre et l'exécution [sont] tuées par la trop grande abondance du principe créateur ». Montrez en quoi cette règle est présente aussi bien dans *Le Chef-d'œuvre inconnu* que dans deux autres nouvelles de ses *Études philosophiques*, *Gambara* et *Massimilla Doni*.
- Comparez la figure du peintre présentée dans *Le Chef-d'œuvre inconnu* à celle qui apparait dans *L'Œuvre* de Zola.
- Peut-on considérer que le tableau de Frenhofer annonce l'art abstrait, qui fait son apparition au xxe siècle ?
- La nouvelle a connu une certaine postérité dans les arts.

Quels sont les aspects de la nouvelle qui ont marqué ces peintres ?

- Quels sont les changements significatifs qu'apporte l'adaptation cinématographique de Jacques Rivette (cinéaste français, 1928-2016), *La Belle Noiseuse*, par rapport à la nouvelle ? Qu'est-ce qui peut les justifier ?

Votre avis nous intéresse !
Laissez un commentaire sur le site de votre librairie en ligne
et partagez vos coups de cœur sur les réseaux sociaux !

POUR ALLER PLUS LOIN

ÉDITION DE RÉFÉRENCE

- DE BALZAC H., *Le Chef-d'œuvre inconnu* suivi de *La Leçon de violon*, Paris, Le Livre de Poche, coll. « Les classiques d'aujourd'hui », 2002.

ÉTUDE DE RÉFÉRENCE

- ARON P., SAINT-JACQUES D. et VIALA A. (dir.), *Le dictionnaire du littéraire*, Paris, Presses universitaires de France, 2002.
- DE BALZAC H., *Œuvres complètes*, t. I, Paris, Alexandre Houssiaux, 1855.
- PAILLARD M.-C. (dir.), *Le roman du peintre*, Clermont-Ferrand, Presses universitaires Blaise Pascal, 2008.

ADAPTATION

- *La Belle Noiseuse*, film de Jacques Rivette, avec Michel Piccoli, Emmanuelle Béart, Jane Birkin et David Bursztein, France, 1991.

Retrouvez notre offre complète sur lePetitLittéraire.fr

- des fiches de lectures
- des commentaires littéraires
- des questionnaires de lecture
- des résumés

ANOUILH
- Antigone

AUSTEN
- Orgueil et Préjugés

BALZAC
- Eugénie Grandet
- Le Père Goriot
- Illusions perdues

BARJAVEL
- La Nuit des temps

BEAUMARCHAIS
- Le Mariage de Figaro

BECKETT
- En attendant Godot

BRETON
- Nadja

CAMUS
- La Peste
- Les Justes
- L'Étranger

CARRÈRE
- Limonov

CÉLINE
- Voyage au bout de la nuit

CERVANTÈS
- Don Quichotte de la Manche

CHATEAUBRIAND
- Mémoires d'outre-tombe

CHODERLOS DE LACLOS
- Les Liaisons dangereuses

CHRÉTIEN DE TROYES
- Yvain ou le Chevalier au lion

CHRISTIE
- Dix Petits Nègres

CLAUDEL
- La Petite Fille de Monsieur Linh
- Le Rapport de Brodeck

COELHO
- L'Alchimiste

CONAN DOYLE
- Le Chien des Baskerville

DAI SIJIE
- Balzac et la Petite Tailleuse chinoise

DE GAULLE
- Mémoires de guerre III. Le Salut. 1944-1946

DE VIGAN
- No et moi

DICKER
- La Vérité sur l'affaire Harry Quebert

DIDEROT
- Supplément au Voyage de Bougainville

DUMAS
- Les Trois
  Mousquetaires

ÉNARD
- Parlez-leur
  de batailles,
  de rois et
  d'éléphants

FERRARI
- Le Sermon sur la
  chute de Rome

FLAUBERT
- Madame Bovary

FRANK
- Journal
  d'Anne Frank

FRED VARGAS
- Pars vite et
  reviens tard

GARY
- La Vie devant soi

GAUDÉ
- La Mort du
  roi Tsongor
- Le Soleil des
  Scorta

GAUTIER
- La Morte
  amoureuse
- Le Capitaine
  Fracasse

GAVALDA
- 35 kilos d'espoir

GIDE
- Les
  Faux-Monnayeurs

GIONO
- Le Grand
  Troupeau
- Le Hussard
  sur le toit

GIRAUDOUX
- La guerre de
  Troie
  n'aura pas lieu

GOLDING
- Sa Majesté des
  Mouches

GRIMBERT
- Un secret

HEMINGWAY
- Le Vieil Homme
  et la Mer

HESSEL
- Indignez-vous !

HOMÈRE
- L'Odyssée

HUGO
- Le Dernier Jour
  d'un condamné
- Les Misérables
- Notre-Dame
  de Paris

HUXLEY
- Le Meilleur
  des mondes

IONESCO
- Rhinocéros
- La Cantatrice
  chauve

JARY
- Ubu roi

JENNI
- L'Art français
  de la guerre

JOFFO
- Un sac de billes

KAFKA
- La Métamorphose

KEROUAC
- Sur la route

KESSEL
- Le Lion

LARSSON
- Millenium I. Les
  hommes qui
  n'aimaient pas
  les femmes

LE CLÉZIO
- Mondo

LEVI
- Si c'est un
  homme

LEVY
- Et si c'était vrai…

MAALOUF
- Léon l'Africain

MALRAUX
- La Condition humaine

MARIVAUX
- La Double Inconstance
- Le Jeu de l'amour et du hasard

MARTINEZ
- Du domaine des murmures

MAUPASSANT
- Boule de suif
- Le Horla
- Une vie

MAURIAC
- Le Nœud de vipères

MAURIAC
- Le Sagouin

MÉRIMÉE
- Tamango
- Colomba

MERLE
- La mort est mon métier

MOLIÈRE
- Le Misanthrope
- L'Avare
- Le Bourgeois gentilhomme

MONTAIGNE
- Essais

MORPURGO
- Le Roi Arthur

MUSSET
- Lorenzaccio

MUSSO
- Que serais-je sans toi ?

NOTHOMB
- Stupeur et Tremblements

ORWELL
- La Ferme des animaux
- 1984

PAGNOL
- La Gloire de mon père

PANCOL
- Les Yeux jaunes des crocodiles

PASCAL
- Pensées

PENNAC
- Au bonheur des ogres

POE
- La Chute de la maison Usher

PROUST
- Du côté de chez Swann

QUENEAU
- Zazie dans le métro

QUIGNARD
- Tous les matins du monde

RABELAIS
- Gargantua

RACINE
- Andromaque
- Britannicus
- Phèdre

ROUSSEAU
- Confessions

ROSTAND
- Cyrano de Bergerac

ROWLING
- Harry Potter à l'école des sorciers

SAINT-EXUPÉRY
- Le Petit Prince
- Vol de nuit

SARTRE
- Huis clos
- La Nausée
- Les Mouches

SCHLINK
- Le Liseur

SCHMITT
- La Part de l'autre
- Oscar et la
  Dame rose

SEPULVEDA
- Le Vieux qui
  lisait des romans
  d'amour

SHAKESPEARE
- Roméo et Juliette

SIMENON
- Le Chien jaune

STEEMAN
- L'Assassin
  habite au 21

STEINBECK
- Des souris et
  des hommes

STENDHAL
- Le Rouge et
  le Noir

STEVENSON
- L'Île au trésor

SÜSKIND
- Le Parfum

TOLSTOÏ
- Anna Karénine

TOURNIER
- Vendredi ou
  la Vie sauvage

TOUSSAINT
- Fuir

UHLMAN
- L'Ami retrouvé

VERNE
- Le Tour
  du monde
  en 80 jours
- Vingt mille
  lieues sous
  les mers
- Voyage au
  centre de
  la terre

VIAN
- L'Écume des jours

VOLTAIRE
- Candide

WELLS
- La Guerre des
  mondes

YOURCENAR
- Mémoires
  d'Hadrien

ZOLA
- Au bonheur
  des dames
- L'Assommoir
- Germinal

ZWEIG
- Le Joueur
  d'échecs

ISBN version numérique : 978-2-8080-0017-8
ISBN version papier : 978-2-8080-0018-5
Dépôt légal : D/2017/12603/436

Avec la collaboration de Florence Balthasar pour l'encart « Le romantisme et ses héros », ainsi que pour les clés de lecture « Une nouvelle à deux facettes » et « Une postérité dans les arts ».

Conception numérique : Primento,
le partenaire numérique des éditeurs.

Ce titre a été réalisé avec le soutien de la Fédération Wallonie-Bruxelles, Service général des Lettres et du Livre.